Made in the USA
Monee, IL
23 September 2021

78651173R00072